NIE WIEDER ANGST UM GELD!

Impressum

© Copyright 2020 Maximilian Koller - Alle Rechte vorbehalten.

Es ist nicht zulässig, Teile dieses Dokuments elektronisch oder in gedruckter Form zu reproduzieren, duplizieren oder zu übertragen. Die Aufzeichnung dieser Publikation ist strengstens untersagt.

1. Auflage 01/2021

Autor / Grafiken:

Maximilian Koller

Tannhofweg 4

88131 Lindau

Deutschland

Email: Koller.maximilian@web.de

Lektorat / Korrektorat: Matthias Böttinger

Covergestaltung: Mauro Girimonte Ruiz

Haftungsausschluss

Die Benutzung dieses Buches und die Umsetzung der darin enthaltenen Informationen erfolgt ausdrücklich auf eigenes Risiko. Der Autor kann für etwaige Unfälle und Schäden jeder Art aus keinem Rechtsgrund eine Haftung übernehmen. Haftungsansprüche gegen den Autor für Schäden materieller, körperlicher oder ideeller Art, die durch die Nutzung oder Nichtnutzung der Informationen bzw. durch die Nutzung fehlerhafter und/oder unvollständiger Informationen verursacht wurden/werden, sind grundsätzlich ausgeschlossen. Rechts- und Schadenersatzansprüche sind daher ausgeschlossen.

Die Inhalte dieses Buches dienen der allgemeinen Weiterbildung und beruhen auf subjektiven Erfahrungen und dem aktuellen Wissensstand des Autors. Sie können und sollen in keinem Falle eine fachliche Beratung vollends ersetzen. Dies gilt insbesondere für die Beschreibungen von Maßnahmen zur Geldanlage.

Sollte die Entscheidung dazu getroffen werden, wie es der Autor getan hat, dann erfolgt das ausschließlich auf eigene Verantwortung.

Das Werk inklusive aller Inhalte wurde unter größter Sorgfalt erarbeitet. Der Autor übernimmt jedoch keine Gewähr für die Aktualität, Korrektheit, Vollständigkeit und Qualität der bereitgestellten Informationen. Druckfehler und Falschinformationen können nicht vollständig ausgeschlossen werden. Der Autor übernimmt keine Haftung für die Aktualität, Richtigkeit und Vollständigkeit der Inhalte des Buches, ebenso nicht für Druckfehler. Es kann keine juristische Verantwortung sowie Haftung in irgendeiner Form für fehlerhafte Angaben und daraus entstandene Folgen vom Autor übernommen werden.

Danksagungen:

Ich möchte zunächst meinen Eltern und Großeltern und dem Rest meiner Familie danken, weil sie mir in meiner Kindheit ermöglicht haben sehr viel zu lernen und auszuprobieren. Von Karate über Schlagzeugunterricht...

Desweiteren gilt mein größter Dank meinen Freunden Simon, Patrick, Georg und Chris, die meinen zahlreichen Fragen und Diskussionen zum Thema hilflos zum Opfer fielen.

Auch möchte ich Youtubern, Autoren und Podcastern wie Bodo Schäfer, Madame Moneypenny, Hörgeld, Thomas von Finanzfluss sowie Beate Sander danken, die mich maßgeblich bei meiner finanziellen Bildung beeinflusst haben.

Der Grund für dieses Buch

Nach meiner erfolgreich abgeschlossenen Ausbildung ist mir damals, nach dem Umzug in meine erste eigene Wohnung aufgefallen, dass ich 1.) keinerlei Rücklagen habe und 2.) mir am Ende jeden Monats genau 0€ übrig bleiben.

Weil ich nicht für immer „von der Hand in den Mund" leben wollte, habe ich mich mit meinem Problem auseinandergesetzt und innerhalb der ersten Monate über 2.000€ angespart. Anschließend machte ich meine ersten Schritte im Investieren.

Weil ich zu den Themen Verdienen, Sparen und Investieren unzählige Bücher gelesen, Videos geschaut, Podcasts gehört und alle möglichen Personen meines Bekanntenkreises (arm und reich) befragt habe, möchte ich allen, die vor der Aufgabe stehen sich mit der finanziellen Seite ihres Lebens zu beschäftigen, die Kurzfassung meiner Erkenntnisse geben.

Ziel war es ein Buch zu schreiben, das die Grundlagen zum Thema Finanzen umfasst und welches ich, am besten vor meinem ersten Einkommen als Zeitungsausträger, selber gern gelesen hätte.

Inhaltsverzeichnis

Einführung

Kapitel 1: Grundsätzliches

Kapitel 2: Sparen

Kapitel 3: Verdienen

Kapitel 4: Investieren

Kapitel 5: Schulden

Wie man selbst als Angestellter Millionär wird?

Und jetzt los!

EPILOG

Literaturverzeichnis

Einführung

Ich gratuliere dir hiermit zur Investition in dieses Buch. Das zeigt, dass du – bewusst oder unterbewusst – nicht zufrieden bist mit deiner derzeitigen finanziellen Situation. Wie wir alle wissen, ist Einsicht der erste Schritt zur Besserung.

Der Hauptteil des Buches soll aufzeigen, wie man mit relativ wenig Aufwand, besser und ohne dass es „weh tut" spart. Weiterhin soll es Tipps zum „Mehr-verdienen" geben und die ersten Gedanken zum Thema Investieren entfachen.

Wenn ich nicht angefangen hätte mich mit diesen Themen zu befassen, würde ich micht jetzt nicht so frei fühlen, hätte Angst um meine Existenz in Zeiten von Krisen wie Corona und könnte keine finanziellen Erfolge, wie das Erreichen meines Notgroschens, feiern. Auch der Gedanke an die finanzielle Unabhängigkeit wäre absurd.

Wenn du dieses Buch durchgelesen hast, aber nichts an deiner Situation änderst, hast du mit dem Kauf dieses Buches kein Investment in deine Zukunft getätigt, sondern nur mein Investment ertragreicher gemacht. In jedem Fall danke ich dir für den Kauf dieses Buches! Du solltest trotzdem nicht länger warten, da Dispo- und Kreditzinsen teuer sein können und der Zinseszins (später im Buch erklärt) nur auf längere Zeit seine volle Wirkung entfacht.

Also legen wir gleich los!

KAPITEL 1: GRUNDSÄTZLICHES

Wenn wir das Thema Finanzen betrachten, gibt es ein paar Grundsätze, die als Basis unseres finanziellen Verständnisses dienen. Hier werden ein paar davon genannt und erklärt, die ich persönlich als wichtigste betrachte und worauf alles andere in diesem Buch aufbaut. Sozusagen das Alphabet oder auch das 1x1 der Finanzen.

Verdienen – Sparen – Investieren

Mancher mag sagen, man muss ausreichend verdienen um sparen zu können. Aber lass uns lieber beides separat betrachten.

Im zweiten Teil gehe ich deshalb speziell auf das Sparen ein, während ich im dritten zum Beispiel erkläre, wie man seinen Verdienst verbessern kann.

Nachdem man dann also sowohl das Verdienen und das Sparen optimiert hat, sollte man investieren, um den angesparten Betrag erstens vor der Inflation zu schützen, die die Kaufkraft des Geldes stetig senkt und um es zweitens, am besten schnell und stark zu vermehren.

Je nachdem wie hoch die Inflation zum aktuellen Zeitpunkt ist, sollte das gewählte Investment genügend Rendite abwerfen um diese zumindest auszugleichen!

(Rendite = Ertrag, den ein angelegtes Kapital in einem bestimmten Zeitraum erbringt)

Wie stehe ich zu Geld?

Ein Glaubenssatz ist der sprachliche Ausdruck von etwas, an das man selber glaubt. Etwas, das man für wahr hält.

Glaubenssätze sind im Neuro-Linguistischen Programmieren, kurz NLP, ein Ausdruck innerer Modelle, die jede Person fortlaufend entwirft und andauernd entwerfen muss, um sich in der Welt zu orientieren. Andere Begriffe hierfür sind Überzeugungen, Einstellungen, Meinungen, Belief…

Kennst du auch solche Glaubenssätze wie:

„Geld verdirbt den Charakter"

„Man braucht kein Geld zum Glücklichsein"

„Man muss hart arbeiten für sein Geld"

„Über Geld spricht man nicht"

„Bei Geld hört die Freundschaft auf"

„Wenn ich mehr verdiene, nehme ich anderen etwas weg."

Besonders, wenn man solche Sätze von Vertrauenspersonen wie den eigenen Eltern hört, ist es nur verständlich, dass man diese Glaubenssätze – wenn auch nur unterbewusst – übernimmt. Natürlich kann man aber, indem man das Bewusstsein dafür aktiv schafft und die Aussagen hinterfragt, seine Einstellung zu Geld verbessern. So könnten die Sätze dann so klingen:

„Geld zeigt den wahren Charakter"

„Geld macht glücklich"

„Geld verdienen ist einfach"

„Ich rede gerne über Geld"

„Bei Geld fängt die Freundschaft erst an"

„Wenn ich mehr verdiene, kann ich anderen mehr helfen."

Denn Geld ist einfach nur ein Tausch- und Zahlungsmittel. Es ist weder gut noch böse. Aber unsere Einstellung hilft uns, es entweder zu vermehren oder es zu verlieren!

Verantwortung

Um erfolgreich zu werden, egal auf welchem Gebiet seines Lebens, muss man anfangen Verantwortung für sich selbst zu übernehmen. Damit ist auch gemeint, dass man sich selbstständig um seine Finanzen kümmert. Wenn man sein Geld einem Anderen anvertraut und dieser dann damit die falschen Entscheidungen trifft, trägt man daran trotzdem selbst die Schuld. Es ist also wichtig, einen Mittelweg zwischen Aufgaben abgeben und Verantwortung behalten zu finden.

Wer jetzt mit dem Spruch kommt „Wenn es ordentlich werden soll, muss ich es selber machen", der vergisst die Vorteile von richtigem Management. Ist es nicht besser, für jede Aufgabe, die einem Schwierigkeiten bereitet, einen Profi zu finden, der sie dann sogar noch gerne macht?

Heutzutage kann man seine Steuererklärungen mit Hilfen wie Elster und haufenweise anderer Programme wie auch Apps machen, die einem die Arbeit vereinfachen. Doch um wirklich alle Tricks für Steuereinsparungen nutzen zu können, müsste man sich trotzdem für eine längere Zeit einlesen, eine Ausbildung oder ein Studium absolvieren.

Wenn wir aber genug verdienen und einen Steuerberater beschäftigen, der uns mit seiner langjährigen Erfahrung berät und an ihn einzelne Aufgaben abgeben, wir aber selbst die Entscheidungen treffen, behalten wir die Verantwortung und Kontrolle und haben gleichzeitig die Vorteile seiner Erfahrung.

Ob das nun mehr Sicherheit bedeutet, hängt dann nur noch von den eigenen Entscheidungen und damit dem eigenen Wissensstand ab.

Zeit ist Geld?

„Zeit ist Geld" lautet ein Spruch, der oft in der Verbindung mit der Arbeitsgeschwindigkeit und Produktivität genannt wird. Dass dieser aber völlig falsch ist, erkennt man daran, dass das eigene Leben eine begrenzte Zeitspanne von circa 80 Jahren hat und Geld theoretisch unbegrenzt zu erwirtschaften ist.

Lebenserwartung Männer: 78,6 Jahre

Lebenserwartung Frauen: 83,4 Jahre

(Statistisches Bundesamt, 10.2020)

Das bedeutet, dass Zeit, da Mangel, mehr wert ist als Geld. Diese Erkenntnis sollten wir bei unseren Entscheidungen im Umgang mit Geld berücksichtigen.

So ist es z.B. sinnvoll eine Reinigungshilfe anzustellen, um die gewonnene Freizeit zur Erwirtschaftung von Kapital oder aber auch zur Entspannung, für Zeit mit der Familie oder Freunden zu nutzen.

So kann man auch andere Dinge des täglichen Lebens abgeben:

- Statt selber Auto zu fahren, fahren lassen
- Statt selber einzukaufen, einkaufen lassen
- Statt selber zu kochen, essen gehen

Eine Haushaltshilfe könnte einem gleich das Waschen, Bügeln, Kochen und Putzen abnehmen.

Das einzige Problem ist jetzt nur noch, wie man sich diese „Angestellten" leisten kann. Dazu kann man, wie gesagt, die gewonnene Zeit zum Verdienen nutzen oder aber auch an anderer Stelle Einsparungen machen.

Vielleicht verzichtet man auf den zweiten oder dritten Urlaub im Jahr, wenn man dafür nie wieder die Wohnung putzen muss? Das scheint jetzt nur noch eine Frage der Priorität zu sein.

Die 5 Säulen des Lebens:

In seinem Buch *Der Weg zur Finanziellen Freiheit – In sieben Jahren die erste Million* nennt Bodo Schäfer fünf Bereiche unseres Lebens:

1. Gesundheit
2. Finanzen
3. Beziehungen
4. Emotionen
5. Sinn unseres Lebens

„Ohne Gesundheit ist alles nichts." Wer mit Geld nicht klar kommt, wird nicht gut schlafen können. „Gute Beziehungen sind das Salz in der Suppe". Bei den Emotionen geht es meiner Meinung nach nicht nur um die Selbstmotivation, sondern auch vielmehr um Stressreaktionen und die weiteren negativen Emotionen, die einen am Glücklichfühlen und damit am Glücklichsein hindern. Mit **Sinn des Lebens** meint Herr Schäfer etwas, das uns wirklich Spaß macht, unserem individuellem Talent entspricht und das anderen nützt. „Niemals sollten Sie nur um des Geldes willen Dinge tun müssen, die Ihnen keinen Spaß machen." Darum wird auch die finanzielle Freiheit, also die Selbstbestimmung mithilfe von Geld, als ein derart wichtiger Punkt angesehen.

Wenn wir also alle diese Bereiche, ich nenne sie „Die 5 Säulen", beherrschen und stetig zur Besserung an ihnen arbeiten, werden wir wirklich frei und glücklich.

Wenn auch nur eine dieser Säulen fehlt, werden wir eine innere Leere verspüren, welche manche mit exzessiven Drogen oder Alkoholkonsum zu füllen versuchen. Doch ist es nie zu spät sich in den einzelnen Bereichen zu verbessern. Und zwar Schritt für Schritt...

„Das kann ich mir nicht leisten..."

Wie oft im Leben sieht man Dinge, die außerhalb der eigenen Gehaltsklasse sind und denkt sich dabei: „Das kann ich mir leider nicht leisten".

Bei Aussagen wie „ich kann nicht..." sagt man sich selber, dass man etwas nicht erreichen kann und nie erreichen wird. Wie soll man denn da gegen sich selber ankommen um sein gewünschtes Ziel zu erreichen? Sich selber wiedersprechen?

Wieso denn nicht einfach mal **„WIE kann ich mir das leisten?"** fragen?

Erstens minimiert man seine Erfolgschancen nicht mehr, da man sich aktiv auf eine Lösung zubewegt. Zweitens regt man sein Hirn und sein Unterbewusstsein dazu an, eine Lösung zu finden.

Wenn dieses Konzept des Lösungsfindens nicht funktionieren würde, hätten wir jetzt weder Licht noch eine Heizung.

In „Rich Dad Poor Dad" erzählt Robert Kiyosaki, wie er zuerst einen Vermögensgegenstand erwirbt, der dann das Geld für den gewünschten Gegenstand, in seinem Fall ein teures Auto, abwirft.

Zu Vermögensgegenständen und Verbindlichkeiten (hier ein Auto) aber später mehr!

Finanzielle Ängste

„Vermeide die großen Vier – Euphorie, Panik, Angst und Gier." wie *Beate Sander* immer zu sagen pflegte, wenn es um den Handel am Aktienmarkt geht: so ist **Angst** einer der Hauptgründe, weshalb viele Menschen nichts an ihrer Situation ändern.

Die Angst, seinen Lebensunterhalt nicht bestreiten zu können – die sich nicht nur auf die Wahl der Arbeit oder der Investitionen, sondern durch die gesamte Lebensweise durchzieht – zu bekämpfen, kann somit eines der Ziele für das Verdienen, Sparen und Investieren sein.

Denn durch z.B. mehrere Einkommensquellen, wie Rendite und Dividende bei sogenannten Vermögensgegenständen, kann man die Angst langfristig besiegen.

Doch zuallererst braucht es finanzielle Bildung und, um Vermögensgegenstände kaufen zu können, Geld! Also fangen wir deshalb erstmal mit dem Sparen an:

ALLE TIPPS ZUM KAPITEL

1. Augenmerk auf Verdienen, Sparen und Investieren richten

2. Einstellung zu Geld und die aktuellen Glaubenssätze überprüfen

3. (Finanzielle) Verantwortung übernehmen

4. Zeit ist wichtiger als Geld (da begrenzt)

5. Die 5 Säulen des Lebens (Gesundheit, Finanzen, Beziehungen, Emotionen und Sinn des eigenen Lebens) gleichmäßig verbessern um glücklich zu werden bzw. zu sein

6. Lösungsorientiert denken: „Wie kann ich mir das leisten?" statt „Das kann ich mir nicht leisten!"

7. Aktiv finanzielle Ängste loswerden!

KAPITEL 2: SPAREN

Warum eigentlich sparen?

Ja, warum eigentlich? Wenn ich genug verdiene um meine Ausgaben zu decken, brauche ich doch nicht zu sparen? Aber was passiert, wenn man seiner Arbeit, durch Unfall oder Kündigung, nicht nachgehen kann? Oder Waschmaschine und Auto zufällig zur selben Zeit ihren Geist aufgeben?

Es gibt viele Gründe zu sparen. Für schlechte Zeiten, um sich mehr leisten zu können oder aber auch nur, weil man seiner Familie ein besseres Leben bieten will.

Sparen bei meinem Einkommen?

Wie ich schon anfangs erwähnt habe, behaupten viele, dass man erstmal ausreichend verdienen muss um etwas sparen zu können. Natürlich unterscheiden sich die Einkommen und damit auch das mögliche Sparpotential. Aber hier mal eine Beispielrechnung – die Ergebnisse sind zur besseren Darstellung auf gerade Zahlen gerundet:

Susi verdient als Diplom Ingenieurin netto 5.000€ monatlich und spart 10%.   =   **500€**

Hans verdient als Handwerker netto 1500€ monatlich und spart 33%.   =   **500€**

Obwohl Susi mehr als das 3-fache von Hans verdient, schafft es dieser mit der nötigen Disziplin die selbe Summe zu sparen. Wer jetzt denkt, dass er, wie in diesem Beispiel, niemals auf eine Sparrate von 33% kommt, der wird sich wundern was möglich ist, wenn man seine Ausgaben kürzt. Wenn Susi wie Hans 33% sparen würde, käme sie auf eine stattliche Summe von 1.650€.

Kleiner Fakt nebenbei: Das Durchschnittsbruttoeinkommen liegt in Deutschland bei **3.994€** monatlich (2019, Statistisches Bundesamt). Wer also darüber verdient, darf sich offiziell als Besserverdienender bezeichnen!

Auch beim Sparen gibt es wieder einige Glaubenssätze, die wir einmal betrachten müssen:

Glaubenssätze zum Sparen

"Ich möchte lieber leben anstatt zu sparen"

„Sparen macht keinen Spaß"

„Geld rinnt mir aus den Fingern"

„Wer viel Geld hat, hat auch viele Sorgen"

Auch diese Glaubenssätze können ins Positive umgewandelt werden:

„Durch Geld, das ich spare, kann ich mein Leben nachhaltig verbessern"

„Sparen macht Spaß"

„Geld lässt sich sehr einfach sparen"

„Wer Geld hat, hat es leichter"

Meiner Meinung nach sollte erst das **WARUM** vor dem **WIE** geklärt sein. Besonders dann, wenn es dabei um die eigene Lebenseinstellung und damit um die eigene Zukunft geht. Natürlich kann man in den Tag hineinleben, aber dann kann man sich weder die Dinge leisten, die man sich leisten möchte, noch eines der schönsten Dinge erleben, die es gibt: Erfolge!

Und wie fang ich jetzt an?

Ein **Haushaltsbuch** ist ein guter erster Schritt um seine monatlichen Ausgaben und Einnahmen aufzulisten und dabei Einsparpotentiale zu entdecken. Wem Stift und Papier dabei zu oldschool sind, der kann das auch, wie ich, mittels App tun.

Nachdem man wiederkehrende monatliche Abgänge wie z.B.:

- Miete

- Auto

- Mobilfunk

- GEZ

- Kontoführungsgebühren

- Versicherungen
- Streaminganbieter Video/Audio
- Fitnessstudio
- Medikamente
- Verpflegung und Haushalt

eingetragen hat, kann man sie – jetzt ja auch sichtbar – den Einnahmen gegenüber stellen.

Wer hier jetzt kein positives Ergebnis, also mehr Ausgaben als Einnahmen hat, sollte sofort etwas ändern!

Jetzt kann man sich überlegen, was man sparen will (oder muss) und welche der monatlichen Ausgaben man vielleicht streichen oder reduzieren kann.

Jeder Euro, der hier fortlaufend monatlich verschenkt wird, summiert sich nach ein paar Monaten zu einem stattlichen Betrag!

Selbst 10€ monatlich sind jährlich 120€, die nach 40 Jahren 4.800€ Verlust betragen würden.

Hier ein paar Vorschläge:

Fitnesstudio: Nutze ich das wirklich oder bin ich nur „noch angemeldet"? Man kann viele Übungen auch zuhause mit dem eigenen Gewicht machen. Zur Motivation helfen hier Coaching

Apps oder kostenlose Videos aus dem Internet.

Mobilfunk: Auf Preisvergleichsseiten findet man meistens, selbst beim gleichen Mobilfunknetz, noch einen günstigeren Anbieter. Auch kann man bei Jahresverträgen gleich zu Beginn die Kündigung zum nächstmöglichen Zeitpunkt per Mail einreichen. Meistens ruft dann, kurz vor Ablauf des Vertrags eine sehr freundliche Person an und fragt, ob es nicht doch eine Möglichkeit gibt, dass man als Kunde bleibt. Vorher sollte man trotzdem die Preise online vergleichen um nun verhandeln zu können.

Kontoführungsgebühren: Mittlerweile gibt es Online-Banken, die durch Personaleinsparung und Automatisierung kostenlose Girokonten anbieten. Da Online-Banking eh sehr praktisch ist, kann man auch hier etwas Geld und Zeit sparen!

Miete: Vielleicht müssen es nicht unbedingt 90m² für eine Einzelperson sein? Ich verstehe, dass eine Wohnung meist mit positiven Emotionen verbunden ist und ein Umzug schwerfallen kann. Aber vielleicht ergeben sich bei einem Umzug in eine andere, günstigere Wohnung mehr Vorteile, als nur die Einsparung bei der Miete. Vielleicht ist die Wohnung sogar größer, hat einen Tiefgaragenstellplatz, einen größeren Keller oder einen Balkon?

Streaminganbieter: Schon länger keinen Film mehr angeschaut, aber die Streamingportale ziehen weiterhin Geld ab? Mach doch einfach mal eine Abonnementpause oder nutze einen gemeinsamen Account mit Freund und Familie. Dafür gibt es nämlich meistens günstige Family-Pakete!

Versicherungen: Dass einige Versicherungen wichtig sind, ist für mich keine Frage. Eine private Haftpflicht, eine Berufsunfähigkeits- oder eine private Unfallversicherung zählen hier wieder zu den Sicherheitsnetzen. Aber auch hier sollte das Preis-Leistungs-Verhältnis passen.

Bezahle dich zuerst!

Viele machen den Fehler und sparen nur das Geld, welches am Ende des Monats übrig bleibt. Hier gibt es den passenden Spruch „Bezahle dich erst selbst, bevor du die anderen bezahlst".

Damit ist gemeint, dass man einen Betrag, den man monatlich sparen möchte, per Dauerauftrag auf ein extra Sparkonto z.B. ein Tagesgeldkonto automatisch überweist, **bevor** man sein restliches Budget verpulvert. So spart man außerdem **passiv**, ohne etwas einzeln zur Seite legen zu müssen. So kann man am Anfang die Notreserve auffüllen und später die Daueraufträge zum Investieren abändern.

Notreserve

Dass eine Notreserve als finanzielles Sicherheitsnetz dient, sollte jedem schon eingängig sein. Wenn Waschmaschine, Auto, Handy und Co. kaputt gehen oder sonstige finanzielle Hürden genommen werden müssen, sorgt sie für schnellen Ausgleich. Gut, wenn man auf den Notgroschen zurückgreifen kann, anstatt seine Verwandten anpumpen, einen Kredit aufnehmen oder die Aktien verkaufen zu müssen, obwohl der Kurs gerade im Keller ist.

Die Notreserve sollte unbedingt ein paar Dinge erfüllen:
- leicht zugänglich
- kurzfristig verfügbar
- sicher angelegt

Da es bei der Notreserve nicht darauf ankommt, Gewinne in

Form von Rendite zu erzielen, sondern „nur" die oben genannten Punkte zu erfüllen, ist es in Ordnung, wenn das gewählte Konto kaum oder keine Zinsen abwirft, also z.b. ein niedrig verzinstes Tagesgeldkonto ist.

Hier greift übrigens, zum Thema Sicherheit, die staatliche Einlagensicherung über 100.000 € je Kunde und Bank. Berücksichtigt werden dabei sämtliche Einlagen, die ein Sparer bei dem jeweiligen Kreditinstitut hat.

Ob man lieber das Geld zu Hause im Safe, auf der Bank im Schließfach oder auf einem Konto liegen hat, ist ganz nach persönlichem Geschmack wählbar. Ich persönlich nutze ein Tagesgeldkonto bei einer Hausbank um die Ecke, um auch bei Problemen einen Ansprechpartner haben zu können.

Die Höhe der Notreserve ist natürlich für jeden unterschiedlich, aber man kann sie an den eigenen monatlichen Ausgaben festmachen, die wir im Haushaltsbuch analysiert haben.

Einige empfehlen, 3-4, andere 6-8 Monate, wieder andere ein ganzes Jahr überbrücken zu können. Die Hauptsache ist, dass man bei der gewählten Reserve ein gutes Gefühl hat. Meine Notreserve habe ich auf 10 Monate angesetzt. Das gibt mir ein starkes Sicherheitsgefühl und ich kann beruhigt schlafen.

Die Höhe sollte auch mit der Zeit mitwachsen. Gründe sind z.B. ein Kind oder Verbesserung des Lebensstandards, wie ein zweites Auto oder eine größere, teurere Wohnung.

So kann man ja anfangs Vollgas auf die Notreserve sparen um dann anschließend monatlich nur noch einen kleinen Prozentsatz dafür aufzubringen.

Gold finde ich persönlich als Notreserve eher ungeeignet, da man das Gold erstmal wieder loswerden muss. Dass das während einer Krise schwierig werden kann, ist logisch, da hier eher die Grundbedürfnisse wichtiger sind. Gold macht leider nicht satt bzw. schmeckt nicht besonders gut.

Es sollte meiner Meinung nach eher als ein zweites Rettungsnetz nach der Notreserve angesehen werden und sich auch in der Höhe angemessen widerspiegeln.

Aktiv oder passiv sparen?

Wir haben nun die Wahl, ob wir aktiv oder passiv sparen wollen.

Aktiv wäre z.B. immer einen Schein in ein Sparschwein zu stecken oder eine Überweisung händisch ausfüllen.

Passiv bedeutet sich nur einmal um die Einrichtung eines Dauerauftrags kümmern zu müssen und dann nur noch bei z.B. der Änderung der Höhe etwas tun zu müssen. Ein großer Vorteil kann darin liegen, dass wir den Dauerauftrag jeweils zum Monatsersten ausführen lassen können. Das bedeutet, wir haben das Geld bereits VOR unseren Kosnumausgaben zur Seite gebracht und damit vor unbedachtem Ausgeben „gerettet".

Kontenmodelle

Für das Passiv-Sparen eignen sich mehrere Kontenmodelle. Diese unterscheiden sich nur in der Anzahl der einzelnen Konten und sollen zum verbesserten Umgang mit dem Verschieben von Summen dienen. Es geht hierbei nicht um die Trennung von Geschäfts- und Privatkonten, sondern darum, für jeden Verwendungszweck des eigenen Geldes ein geeignetes Konto zu haben.

Das **Drei-Konten-Modell** kann man so nutzen:

- Ein **Fixkostenkonto** für Zahlungseingang und Ausgaben wie Miete, Nebenkosten Versicherungen und Spar & Invest-Daueraufträge (Girokonto)
- Ein **Sparkonto** für die Notreserve (z.B. Tagesgeldkonto)
- Ein **Konsumkonto** für Lebensmittel und Vergnügungen wie Kinobesuche. Es ist hilfreich, wenn dieses Konto

auch ein Girokonto ist, weil man so unabhängig von dem Fixkostenkonto ist.

Bei dieser Aufteilung kann es schon nicht mehr passieren, dass man zuviel ausgibt, bevor die Handyrechnung eintrifft.

Wer die Notreserve vom „Sparen für die eigene Zukunft" oder Konsum von Vergnügen trennen will, macht einfach aus dem 3-Konten-Modell ein 4-Konten-Modell.

Man kann die verschiedenen Konten auch bei unterschiedlichen Banken anlegen, um so für den einzelnen Verwendungszweck die beste Kondition auszunutzen. Kostenlose Girokonten bei der Online-Bank für das Fixgeldkonto, Spar- und Konsumkonto bei der Hausbank usw. Dazu lohnt sich auch hier wieder ein Preisvergleich im Internet.

Der Rest

Bei der Berechnung der Daueraufträge empfehle ich, nicht alle Einnahmen auf die Daueraufträge von Sparen und Konsum aufzuteilen.

Der Vorteil liegt darin, dass der Rest, der dadurch entsteht, auf dem Fixkostenkonto verbleibt und als Extra-Notreserve dient. So können z.B. eine einmalig höhere Mobilfunkrechnung, eine unerwartet höhere Nebenkostenabrechnung oder eine verminderte Gehaltszahlung ausgeglichen werden.

Da hier auch wieder die Reserve passiv gebildet wird, spart man ganz einfach automatisch etwas an. Wenn man hier das richtige Maß gefunden hat, können diese kurzfristigen höheren Ausgaben ganz entspannt betrachtet werden ohne einschreiten zu müssen.

Sobald diese erhöhten Ausgaben sich von kurz- auf langfristig ändern, muss man etwas tun. Verträge wechseln, Einsparungen machen oder Einkommen erhöhen sind hier die Schrauben, an denen gedreht werden kann.

Gehaltserhöhungen sparen

Wenn sich unser Gehalt erhöht oder wir durch zusätzliche Einkommensquellen mehr Geld verdienen, sind wir es meistens gewöhnt uns mehr zu belohnen und unseren Lebensstandard an das erhöhte Einkommen anzupassen. Wenn wir das aber langsamer tun würden, könnten wir automatisch mehr sparen ohne dabei auf etwas, das wir uns bisher geleistet haben, verzichten zu müssen.

So kann man z.B. 50% seiner Gehaltserhöhung sparen. Das macht man, indem man, nach dem Erhalt der Erhöhung, einfach die Anpassung seiner Daueraufträge für die Sparkonten vornimmt:

Vorhandener Sparbetrag + Hälfte der Gehaltserhöhung = neue Summe des Dauerauftrags

Wir können die verbleibenden 50% nun entweder in mehrere Teile aufteilen, um so unsere einzelnen Budgets für Konsum und Vergnügen aufzufüllen oder sie komplett in eines stecken. Natürlich kann man die Gehaltserhöhung auch komplett sparen. Man behält ja seinen Lebensstandard bei und der Sparbetrag erhöht sich deutlich.

Geiz ist (un-)geil

Jeden Euro zweimal umdrehen, statt einmal im Monat mit den Freunden essen zu gehen oder auf gute Qualität bei Lebensmitteln, wie Fleisch, zu verzichten um noch ein paar Cent zu sparen ist der falsche Weg.

Auch beim Thema Gesundheit und Sicherheit sollte man auf keinen Fall sparen! So darf die Entscheidung, ob man sich einen Fahrradhelm kauft, überhaupt keine Frage des Geldes sein. Die eigentliche Frage ist hier: Welcher Helm gibt mir die höchste Sicherheit?

Darum ist es so wichtig Geld zu haben, um eben an solch wichtigen Punkten nicht sparen zu müssen.

Vielleicht sind die Begriffe „Ressourcen schonend" und „Nicht verschwenderisch" der richtige Ansatz um eine Balance herzustellen.

Sparen – nicht verzichten

Sparen soll Spaß machen und keinesfalls eine Last für die eigene Gesundheit oder das Sozialleben und den Freundeskreis werden. Wichtig ist hier, die richtige Balance zwischen Sparsamkeit und Verschwendung für sich zu finden.

Vielmehr kann man z.B. Großpackungen von Reis und Nudeln, wenn diese günstiger sind als die normal großen, kaufen. In diesem Fall haben wir sogar mehrere Vorteile:

Wir sparen am Kilopreis und müssen nicht so schnell wieder neue kaufen fahren, was die Spritkosten senkt. Das selbe Prinzip ist auch mit allen anderen unverderblichen Lebensmitteln sowie Spülmittel und Fußbodenreiniger in Kanistern möglich.

Wer gibt, dem wird gegeben

Was ich erst lernen musste ist: **Erst geben, dann nehmen.**

Mehrere Finanzratgeber, die auch auf einen langanhaltenen Erfolg eingehen, raten einen gewissen Prozentsatz seines Einkommens, meistens 10%, zu spenden.

Bei den empfohlenen 10% ist wichtig, dass man sie spendet, ohne dabei eine Gegenleistung zu erwarten.

Man kann damit andere Menschen unterstützen, die weniger haben und gleichzeitig in den Genuss einer Art kosmischen Effekts kommen. Man könnte diesen als karmischen Ausgleich bezeichnen.

Ich zitiere an der Stelle Karl Lagerfeld, der einmal sagte: *„Man muss das Geld zum Fenster rauswerfen, damit es zur Tür wieder reinkommt."*

So würde ich es zwar niemandem erklären, aber der Grundgedanke ist der gleiche. Vielleicht hat Karl Lagerfeld aber auch verschwenderischen Konsum damit gemeint. Wer weiß?

Ich durfte diesen Effekt selber schon erleben. Ich habe jemanden unterstützt und bekam bald darauf, von ganz anderer Stelle, sogar mehr Geld, ohne dass ich darauf spekuliert habe.

Außerdem steigt, neben dem Gefühl Gutes getan zu haben, das eigene Selbstbewusstein, die Motivation und das Ansehen von dir in deinem Umfeld. Denn wer möchte nicht mit jemandem befreundet sein, der gerne gibt?

Aber auch hier ist wichtig, dass man das richtige Maß findet und dabei auch aufpasst, dass man nicht ausgenutzt wird

ALLE TIPPS ZUM KAPITEL

1. Eigene Gründe für das Sparen finden

2. Sparziel festlegen

3. Haushaltsbuch führen (min. 3 Monate)

4. Monatlichen Sparbetrag festlegen

5. Ist aktives oder passives Sparen für einen das richtige?

6. Kontenmodell aufbauen

7. Einsparungen vornehmen / Verträge kündigen oder wechseln

8. Notreserve aufbauen

9. Nicht geizig werden – Balance finden z.B. Ressourcen-schonend handeln!

10. Erst geben, dann nehmen!

KAPITEL 3: VERDIENEN

Jetzt, nachdem wir unsere Ausgaben im Griff haben und uns ein automatisiertes Kontensystem aufgebaut haben, kümmern wir uns nun ums (mehr) Geld verdienen:

Werte schaffen und Probleme lösen

Das Prinzip der Gegenseitigkeit, also wenn zwei oder mehrere Menschen Sachgegenstände (oder auch andere für ihre eigenen Bedürfnisse relevante Dinge) austauschen, nennt man *Reziprozität*.

Da Geld ja ein Tauschmittel ist, sollten wir uns überlegen, was wir dagegen eintauschen wollen. Viele Menschen verkaufen ihre Zeit und werden nach Stunden bezahlt. Die bessere Alternative ist, nach dem **Wert der geleisteten Arbeit** bezahlt zu werden.

Eine gute Möglichkeit ist die Probleme anderer zu lösen. Je nachdem, wie viel den Kunden die Lösung des Problems bedeutet, desto mehr werden sie bereit sein, dafür zu bezahlen. Sieh dir als Beispiel gut bezahlte Berufe an:

Ärzte heilen Krankheiten, Steuerberater helfen die Steuerlast zu senken und Architekten helfen Gebäude zu entwerfen.

Je weniger Konkurrenz es dabei gibt, desto gefragter und besser vergütet wird diese Fähigkeit sein. Wenn du der einzige Mensch auf der Erde bist, der Krebs heilen kann, dann hast du, denke ich, ausgesorgt.

Die Wahl zwischen Spaß und Geld

Bei der Wahl des richtigen Jobs stellt sich auch immer die Frage, ob man lieber etwas machen sollte, das einem gefällt, das Spaß macht und einfach von der Hand geht. Aus Sicht der Finanzen sollte man aber doch immer den ertragreichsten Job wählen?

Es hilft aber nichts, wenn man diesen Job hasst, man sich morgens aus dem Bett quälen muss und jeden Tag schlecht gelaunt zur Arbeit fährt. Das wirkt sich weder auf dich, dein soziales Umfeld noch auf die Kundschaft gut aus.

Ich denke, es ist zumindest eine Mischung aus beidem. Vielleicht überwiegt auch die Spaß-Seite. Ich bin fest davon überzeugt, dass man finanziell erfolgreich wird, wenn man etwas macht, das einem Spaß macht, dies aber auch richtig vermarktet und an andere verkauft.

Wer hätte früher schon gedacht, dass Leute, die von ihrer persönlichen Erfahrung mit Kosmetikprodukten berichten und sich dabei selbst filmen, heutzutage davon sehr gut leben können.

Selbst mit dem Spielen von Videospielen kann man heutzutage, im weltweiten Stream, seinen Unterhalt bestreiten. Es soll sogar Leute geben, die den Spielern freiwillig Spenden in riesigen Höhen zukommen lassen.

Finde dein Talent

Du bist besonders gut in etwas? Andere sagen dir, sie würden es gerne genausogut können wie du? Egal, ob du gerne Bücher schreibst, alle mit deinen Witzen zum Lachen bringst oder sehr gut Schlagzeug spielst. Es gibt immer die Möglichkeit mit deinem Talent Geld zu verdienen. Auch wenn das erstmal schwierig erscheint und du keine Ahnung hast, wie du überhaupt mit dem Niveau der Profis mithalten sollst. Doch selbst die haben klein angefangen.

Sie haben irgendwann begonnen und mit kleinen Schritten wurden sie immer besser. Mal lief es bei ihnen gut, mal schlecht. Der Unterschied zwischen ihnen und vielen anderen, die den selben Weg gingen, liegt darin, dass sie nicht aufgegeben haben.

Natürlich spielt bei Erfolg auch Glück eine große Rolle, aber einfach ihren Erfolg mit Aussagen wie „Die hatten nur Glück" oder „Zur richtigen Zeit am richtigen Ort" zu beschreiben, wäre ihrer stetigen Anstrengung nicht würdig. Ich bin überzeugt davon, dass man sich Glück erarbeiten kann. Damit meine ich, dass man bei der konstanten Verfolgung seines Ziels ganz einfach mal glückliche Umstände erwischt.

Interessanterweise wirkt man viel anziehender auf andere Menschen, wenn man seine Arbeit liebt. Dass dadurch alle mit dir arbeiten und dir helfen wollen, spielt dir natürlich auch in die Karten. Man könnte es also als Aufwärtsspirale betrachten.

Wenn man sich Interviews von sehr erfolgreichen Menschen anhört wie Schauspielern, Firmenchefs und Politikern, die gefragt werden, warum sie trotz ihres riesigen Vermögens weiterarbeiten, so sind es immer die gleichen Antworten. Weil sie:

- ihre Arbeit lieben
- mehr eigene Ziele erreichen wollen
- noch mehr (zum Positiven) verändern wollen
- mehr Menschen helfen wollen

Ist es nicht interessant, dass es diesen Menschen wichtiger ist, wieviel sie mit ihrer Arbeit bewegen und verändern können, als was sie verdienen? Das Geld scheint dann einfach nur an ihre Tür zu klopfen und sie lassen es herein.

Wenn du jetzt in einem Job festsitzt, den du hasst, rate ich dir ihn nicht sofort zu kündigen, sondern dir erst ein Standbein in deinem Traumberuf aufzubauen. Wenn dann dein zweites Einkommen dein altes übersteigt, wirst du bestimmt auch mehr

Zeit für die Tätigkeit benötigen und kannst nochmal darüber nachdenken den ungeliebten Job aufzugeben.

Vielleicht kann es für manche Menschen erfolgreich gelaufen sein, sich sofort in „kaltes Wasser" zu stürzen, aber ich persönlich würde davon abraten.

Auch wenn wir durch unsere angesparte Notreserve eine gewisse Zeit überbrücken könnten, ist es deutlich risikoärmer einen entspannten Wechsel vorzunehmen.

Wenn du dich doch entscheidest einen harten Wechsel vorzunehmen, wie z. B. eine neue Ausbildung oder ein Studium, empfehle ich dir, deine Notreserve deutlich höher anzusetzen. So kannst du auch wirklich frei deine Entscheidungen treffen, ohne auf Geld angewiesen zu sein.

Ein Nebenjob neben dem Studium lässt sich so auch umgehen und du kannst dich auf das Studieren konzentrieren.

Aktiv vs. Passiv

Hier möchte ich zuallererst erklären, was eine aktive und eine passive Einkommensquelle ist und was sie von einander unterscheidet.

Ein **aktive** Einkommensquelle hat z. B. ein Schreiner. Er wird für seine Arbeitszeit bezahlt und kann seine gefertigten Produkte verkaufen. Bezahlt wird er also einmalig für die geleistete Arbeit.

Eine **passive** Einkommensquelle bedeutet, dass man auch dann Geld verdient, wenn man nicht mehr arbeitet. So zählt die Arbeit des Schriftstellers, der durch den automatischen Vertrieb seiner Bücher oder E-Books verdient und des Vermieters, welcher seine Immobilie vermietet. Auch der Handel mit Aktien gehört dazu.

Wenn du dich jetzt fragst, welche Einkommensquelle die beste für dich ist, bedenke, dass du zu einer aktiven immer auch passive hinzufügen kannst, ohne einen anderen Themenbereich wählen zu müssen.

So könnte man z. B. Comics mit einer Maus mit zwei großen Ohren zeichnen (aktiv), später diese Maus auf T-Shirts drucken lassen (passiv) und die Lizenzrechte an andere vergeben (passiv).

Gehaltserhöhung als Angestellter

Anstatt eine weitere Einkommensquelle zu erschließen, kann man auch seine derzeitige Situation mitunter ertragreicher gestalten. Als Angestellter gibt es beispielsweise die Möglichkeit des Aufstiegs im Unternehmen oder die einer klassischen Gehaltserhöhung. Diese sollte sowieso jährlich ausgehandelt werden, um die Inflation ausgleichen zu können.

Vor einer Gehaltsverhandlung sollte man sich umfassend informieren. So sollte man wissen, wie hoch das durchschnittliche Gehalt in der jeweiligen Region für den Beruf ist. Dann kann man seine Gehaltsvorstellung daran anpassen.

Lasse dir bitte auch einen **Termin** geben, anstatt deinen Chef im Vorbeigehen mit deiner Vergütungs-Unzufriedenheit zu überrumpeln.

Der Verhandlungspartner, egal ob Geschäftsführer oder Personalchef, fragt sich – oder vielleicht auch während des Gesprächs dich – warum er dir mehr Geld zahlen sollte. Hier wäre es ratsam, vorher einen **Spickzettel** vorzubereiten, auf welchem Stichpunkte zu Themen wie gesteigerte Produktivität, mehr Wissen und mehr Verantwortung steht.

Die Argumente auf deinem Zettel sollten aussagen, dass die Firma nun, dank dir, mehr Gewinn macht. Hier ein Beispiel für einen Spickzettel:

- höhere Produktivität: durch Verbesserung einzelner Arbeitsvorgänge
- finanzielle Einsparung: z. B. reduzierter Verbrauch von Material
- mehr Wissen: mehrere Fortbildungen im Jahr absolviert

Am besten ist natürlich die eigene **Unkündbarkeit**, indem man der Einzige in der Firma ist, der eine bestimmte Arbeit beherrscht.

Noch besser, wenn diese Fähigkeit selbst unter allen anderen Fachkräften weltweit sehr selten ist. Das kann der Umgang mit einem bestimmten Programm, das Verständnis über ein Verfahren oder auch die handwerkliche Fähigkeit sein.

Mir hat es außerdem geholfen, mich als Firma „ICH", die mit einer anderen Firma verhandelt, anzusehen. So saß ich als „Geschäftsführer" einem anderen Geschäftsführer gegenüber und habe mich nicht als „kleiner Angestellter" gefühlt.

Außerdem hilft es sich vor dem Gespräch in sein Gegenüber **hineinzuversetzen**. So kann man alle Argumente, die man sich zurechtgelegt hat, auf Wirksamkeit überprüfen.

Interessanterweise zählt es während der Verhandlung oft mehr, wie man sich verkauft, als was man tatsächlich leistet.

Setze dir ein Minimum und deinen Wunschbetrag fest. Deinen Wunschbetrag setzt du bitte ein kleines bisschen höher an um Verhandlungsspielraum zu haben, falls dich dein Chef runterhandeln möchte.

Was man bei einer Gehaltsverhandlung auf keinen Fall machen sollte:

- lügen über seine erbrachten Leistungen
- sich mit anderen Mitarbeitern vergleichen wie „Matthias verdient mehr und macht weniger als ich!"
- Drohe nie mit deiner Kündigung, wenn du mit dem Angebot deines Gegenübers während der Verhandlung unzufrieden bist. Erpressung führt sowieso nie zu einem zufriedenstellenden Ergebnis. Nicht nur das Vertrauensverhältnis wird hier extrem verschlechtert. Vielleicht wird hier dem Ar-

beitgeber der Spruch „Reisende soll man nicht aufhalten" in den Sinn kommen und deine Kündigung folgt darauf.

- Nie unsachlich werden! Emotionen müssen aus dem Spiel bleiben. Auch anfangen zu weinen oder wütend auf den Tisch hauen, weist nur auf eine emotionale Unreife hin.
- persönliche Argumente als Grund für eine Gehaltserhöhung anführen wie „Ich habe mir ein größeres Auto gekauft und brauche mehr Geld!". Es interessiert deinen Chef nicht, ob du mit deinem Geld auskommst oder nicht.
- werde nicht unverschämt. Wenn dein Chef ein für dich überaus akzeptables Angebot abgegeben hat, solltest du es annehmen.

Du kannst ruhig probieren, ob dein Verhandlungspartner ein zweites Angebot nach seinem ersten abgibt. Nach seinem ersten Angebot könntest du dir eine längere Bedenkzeit nehmen und vielleicht noch ein paar Argumente von deinem Spickzettel wiederholen. Bleibe dabei ernst, selbst wenn du innerlich schon anfängst dich zu freuen, weil die Verhandlung für dich sehr gut läuft.

>Wenn du, nach Anwendung dieser Tipps, jetzt mehr verdienst – Meinen Glückwunsch!

Mehr verdienen als Selbstständiger

Dass man als guter Selbstständiger mehr verdient als ein guter Angestellter liegt daran, dass man nichts von seinem erwirtschafteten Gewinn an einen Vorgesetzten abgeben muss.

Man ist aber auch auf sich allein gestellt und hat keine regulären Arbeitszeiten. Darum auch „Selbst und Ständig". Dies kann für jeden individuell ein Nachteil oder ein Vorteil sein.

Auch als Selbstständiger kann man mehr verdienen, in dem man sein Angebot erweitert oder die Preise erhöht. Da du als Selbstständiger dein eigener Chef bist, musst du dich nur deinen Kunden gegenüber mit der Preiserhöhung verantworten.

Vielleicht lässt du deine Bestandskunden weiterhin die alten Preise zahlen und die Erhöhung betrifft nur deine Neukunden?

Mehrere Einkommensströme

Wie bei **aktiv vs. passiv** kann man zusätzlich zu seiner eigentlichen Beschäftigung eine weitere annehmen. So wäre es möglich auf 450€ Basis neben dem Hauptberuf zu arbeiten.

Aber auch weitere Passiv-Einkommen lassen sich gut nebenbei aufbauen. Der Grund hierfür ist nicht nur einfach „mehr" zu bekommen und sich demnach auch mehr leisten zu können, sondern auch eine Absicherung zu schaffen, falls die Haupteinkommensquelle versiegt.

Auch in eine Gehaltsverhandlung kann man viel entspannter gehen, wenn man auf sie nicht komplett angewiesen ist.

Das Quadrat des Verdienens

Angestellter	Unternehmer
Selbstständiger	Investor

Angestellter = tauscht Zeit gegen Geld

Selbstständiger = tauscht Leistung oder Zeit gegen Geld

Unternehmer = lässt andere für sich arbeit

Investor = lässt sein Geld für sich arbeiten

Alle Möglichkeiten um Geld zu verdienen kann man in eines dieser vier Felder einteilen.

Wirklich wohlhabend und finanziell erfolgreich kann man aber nur als Unternehmer oder Investor werden.

Sobald man sich für finanzielle Bildung interessiert, beginnt die Verbesserung aber fast von allein. Doch nach dem Sparen und Verdienen wollen wir jetzt den dritten wichtigen Punkt in diesem Buch ansprechen. **Das Investieren:**

ALLE TIPPS ZUM KAPITEL

1. Werte schaffen

2. Probleme für Kunden lösen

3. Auswahl des Jobs in Balance mit Spaß und Geld

4. Talent finden und nutzen

5. Den Unterschied zwischen aktivem und passivem Verdienen verstehen

6. Gehaltserhöhung einfordern

7. Mehrere Einkommensströme aufbauen

KAPITEL 4: INVESTIEREN

Was ist Investieren?

Investieren bedeutet, Kapital oder Zeit für einen bestimmten Verwendungszweck einzusetzen. Zum Beispiel um aus Geld mehr Geld zu machen.

Doch warum sollten wir uns eigentlich die Mühe machen investieren zu lernen, wenn wir doch in unserem vermeintlich sicheren Angestelltenverhältnis bleiben könnten.

Man könnte es als eine Art **Hamsterrad** bezeichnen. Aus der Angst unser Leben nicht bestreiten zu können, arbeiten wir in Jobs, die wir nicht wirklich lieben, zu Löhnen, die uns nicht fair erscheinen. Wenn dann noch, zu allem Übel, unsere Einnahmen gerade so unsere Ausgaben decken, müssen wir wieder zur Arbeit gehen, weil wir ja gezwungen sind, so zu überleben.

Was passiert bei den Meisten wohl nach einer Gehaltserhöhung? Sie kaufen sich ein größeres Auto, ziehen in eine größere Wohnung oder leisten sich mehr an Konsumgütern und schon sind sie wieder mitten drin im Hamsterrad. Sie müssen mehr arbeiten um mehr zu verdienen, um sich mehr leisten zu können.

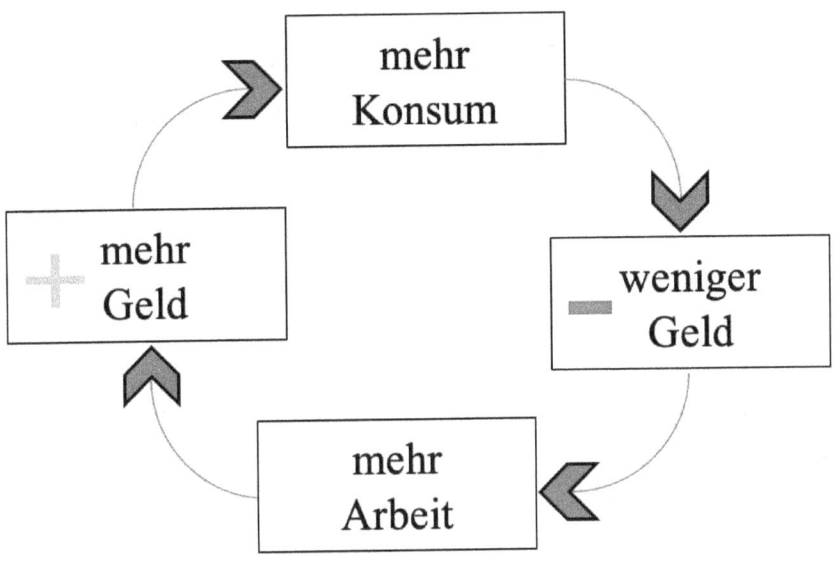

Gründe hinter dem Investieren sind also die **finanzielle Sicherheit** und **finanzielle Freiheit**.

Wenn wir aber – und hier kommt der Trick – den Unterschied zwischen Vermögenswerten und Verbindlichkeiten kennen, können wir aus dem Hamsterrad und damit aus allen finanziellen Ängsten ausbrechen.

Verbindlichkeiten vs. Vermögenswerte

Verbindlichkeiten können oft als Vermögenswerte erscheinen. Doch sind es selbige, die uns langsam oder auch schnell das Geld aus der Tasche ziehen.

Verbindlichkeiten sind zum Beispiel das Auto, mit dem wir täglich zur Arbeit fahren.

Selbst ein eigenes Haus, in dem man selbst wohnt, entpuppt sich als Verbindlichkeit, da es uns nichts als Ausgaben bringt.

31 % der privaten Haushalte in Deutschland besaßen übrigens Anfang 2018 Einfamilienhäuser. (Statistisches Bundesamt 2019)

Vermögenswerte sind also all jene Dinge, die dir – einmalig oder regelmäßig – weiteres Einkommen erzielen. So sind es z.B. Aktien, ETF´s, Sammlerobjekte wie Oldtimer oder auch vermietbare Immobilien.

Hier noch ein paar weitere: Sparbuch (aktuell kaum Zinsen, trotzdem zählt es zu den Vermögenswerten), Tagesgeld, Festgeld und Anleihen. Unternehmen und unternehmerische Beteiligungen, aber auch eine Website, die Geld durch Werbung oder Affiliate-Links erwirtschaftet.

Geistiges Eigentum wie Bücher, Musik, Bilder oder Patente gehören ebenfalls dazu.

Einfach gesagt: **Dinge, die mehr einbringen, als sie kosten.**

Die Vermögenswerte davon, die dir ein regelmäßiges Einkommen verschaffen, sind die besten, denn sie verschaffen dir einen erhöhten Geldfluss, den sogenannten **Cashflow**.

Wenn dein Cashflow, also eine Art Taschengeld, groß genug ist, kannst du dir von ihm auch Verbindlichkeiten wie teure Autos, eigengenutzte Immobilien und weiteren überdurchschnittlichen Konsum leisten! Nicht vorher!

Das heißt: Wenn du deine Ausgaben minimierst und dein Gespartes in Vermögensgegenstände investierst, dann wirst du mit der Zeit immer näher an sicherere Rente, unabhängig vom Staat oder finanzielle Sicherheit und finanzielle Freiheit gelangen.

Dann kannst du gar nichts anderes als wohlhabend zu werden!

Grundregeln beim Investieren

Beim Investieren gibt es ein paar Grundregeln zu beachten:

- investiere nur in etwas, das du verstehst!
- investiere auf lange Zeit - das ist aber nicht immer notwendig
- streue dein Risiko bzw. versuche es zu minimieren. Stichwort: kalkulierte Risiken
- schwimme nicht mit dem Strom

Wenn man ein Investment nicht versteht, sollte man die Finger davon lassen. Das heißt aber nicht, dass man nicht anfangen sollte, sich über dieses zu informieren. Das Geld, das Leute in Investments stecken, die sie nicht verstehen, wird an der Börse oft als „Dummes Geld" bezeichnet.

Der Zeitrahmen bei einem Investment hängt von seiner Art ab. So ist Buy & Hold bei Aktien und besonders bei ETF´s oft die beste Entscheidung.

Die Risikostreuung ist immens wichtig, da wir ja Investoren sind und keine Spieler. Da bei jedem Investment ein gewisses Risiko besteht, können wir dieses Problem nur durch die Streuung von unserem Kapital, innerhalb der Anlageklassen und der Höhe der Einzelwerte verbessern.

Ein paar der eben genannten Regeln können vernachlässigt werden, sobald man genügend Reserve, einen soliden Cashflow und genug finanzielle Bildung hat. Dann kann man nämlich auch (für die breite Masse riskante) Deals mit hohen Renditechancen eingehen. Dies ist aber unter keinen Umständen das Richtige für Anfänger, da sie den Unterschied zwischen einer einmaligen Chance und einer Abzocke nicht unterscheiden können und so der vollständige Verlust des eingesetzten Kapitals droht.

Bedenke auch: Die Vergangenheit liefert keinen Hinweis darauf, wie sich ein Investment in Zukunft entwickeln wird!

Humankapital

Dein Humankapital (human von lat. *humanus* = „menschlich") setzt sich aus all deinem Wissen, deinen Fähigkeiten und Fertigkeiten zusammen. Es ist logisch, dass sich dein Erfolg durch deine Entscheidungen und damit deinem Wissensstand bildet.

Somit ist Weiterbildung das A und O für den Erfolg.

„Man lernt nie aus!"

„Lebenslanges Lernen"

„Wenn ein Baum nicht mehr wächst, stirbt er"

Die Gesundheit spielt beim Humankapital auch eine wesentliche Rolle. Sowohl physische (körperliche), als auch psychische und mentale Fitness sorgen für die andauernde Leistungsfähigkeit. Dass man aktiv auch in sich selber investieren sollte, scheinen die meisten wohl zu vergessen.

So führt regelmäßiger, **moderater Sport und gesunde Ernährung** nicht nur zu einem Optimum der körperlichen Gesundheit, sondern damit auch zu einem besseren Gefühl und damit eingehend besserer Laune.

Aufkommender **Stress** kann somit nicht nur viel leichter ausgehalten werden, sondern es ist auch die nötige Kraft vorhanden um die Ursache der Stressoren, sozusagen deren Wurzel, zu bekämpfen.

Man lernt nie aus

Durch die Bereitschaft Neues zu lernen und das Training des leistungsfähigsten Computers, des menschlichen Gehirns, steigen wir die Stufen des mentalen Erfolges empor.

So hilft spielerisches Gehirntrininig mit Sudoku, Schach oder Memory, einzelne oder gleichzeitig mehrere Areale unserer geistigen Leistungsfähigkeit zu beanspruchen und damit zu trainieren.

Das Training sorgt ganz einfach dafür, dass die nächste Verwendung im „realen Leben" deutlich einfacher fällt.

So helfen Mnemotechniken beim Lernen von Namen von neuen Bekanntschaften, Zahlenreihen wie Telefonnummern oder auch Fachbegriffe im Studium. Eine dieser Mnemotechniken ist z.B., die Loci-Methode, mit der man sich viele solcher Dinge mithilfe des sogenannten Gedächtnispalastes merken kann.

Auch geistige Offenheit und Diskussionsbereitschaft, sind ein Mittel um die eigene Entwicklung voran zu treiben.

Belohnung

Ein durchaus wichtiger Punkt im Bestreben zum finanziellen Glück ist die eigene Belohnung bei Erfolgen. Damit ist aber nicht gemeint, sich einen teuren Urlaub oder ein zweites Auto zu leisten, da es sich hierbei ja wieder um Verbindlichkeiten handelt.

Wenn man einem Hund einen Trick beibringen will, wird das sehr viel einfacher, wenn man ihn nach der gewünschten Reaktion auf das gesagte Kommando mit einem Leckerli belohnt. Was denkt sich der Hund dabei? „Ah! Wenn ich das zu diesem Wort mache, dann krieg ich den Keks."

Auch wir Menschen können uns diese Technik zunutze machen und uns z.B. bei anhaltender Disziplin mit kleinen Dingen belohnen.

Man darf sich durchaus auch täglich belohnen. Diese Belohnung muss übrigens weder Zucker enthalten, noch mit einem finanziellen Wert verknüpft sein.

Es reicht meistens schon aus, wenn es als Belohnung angesehen wird. Wie beispielsweise ein Spaziergang, ein wenig auf der Gitarre spielen oder ein Bild malen.

Sparbuch & Inflation

Zum aktuellen Zeitpunkt gibt es auf ein Sparbuch aktuell zwischen 0,01 Prozent und knapp unter 1 Prozent Zinsen. Da die Inflation bei ungefähr 2% liegt, bedeutet das, dass die Kaufkraft für unser angelegtes Geld auf dem Sparbuch mit der Zeit immer weiter abnimmt und zwar deutlich mehr, als wir für unser Geld auf dem Sparbuch an Zinsen bekommen.

Im Jahre 1923 erreichte die Hyperinflation enorme Ausmaße. So kostete ein Brot 105 Milliarden Reichsmark! Selbst wenn es nicht zu so einem Extremfall während unseren Lebzeiten kommen sollte, so ist der „Wert" immer konjunkturabhängig. Selbst Immobilien, das sogenannte „Beton-Gold", unterliegen Wertschwankungen. Extrembeispiel ist hier z.B. die Immobilienblase in den USA um 2007.

Aber wie entsteht Inflation eigentlich?

Grundsätzlich gilt: **je mehr Geld im Umlauf ist, desto weniger ist es wert.**

Bei der **Angebotsinflation** handelt es sich um einen Anstieg der Preise, der in der Regel durch gestiegene Kosten oder verschärfte Gewinnabsicht der Unternehmen begründet ist.

Eine **Nachfrageinflation** entsteht durch eine erhöhte Nachfrage nach bestimmten Gütern oder Leistungen.

Die **importierte Inflation** ist das Ergebnis der Preissteigerung von importieren Waren aus dem Ausland. Beim Verweis auf die ausländische Preissituation und damit die Preiserhöhung im Inland, führt dies auch zu dieser Art der Inflation.

Bei der **Geldmengeninflation** führt die Erhöhung der Geldmenge bei Vollbeschäftigung und ausgelasteter Kapazität (mehr geht nicht zu produzieren) zu einer Erhöhung der Preise.

Die Zentralbanken beobachten die Geldmenge und steuern diese mithilfe des Leitzinses, zu dem sich Banken Geld von der Zentralbank leihen können.

Im Grunde also alles nur ein Thema von Schulden & Geld drucken und Angebot & Nachfrage …

Zinseszins

„Der Zinseszinseffekt ist das achte Weltwunder. Wer ihn versteht, verdient daran, alle anderen bezahlen ihn." (Albert Einstein)

Der von Albert Einstein als achtes Weltwunder bezeichnete Zinseszins-Effekt ist einfach, aber extrem praktisch für den Vermögensaufbau.

Durch das Reinvestieren der Zinsen auf das eingesetzte Kapital steigt das Vermögen nicht linear, sondern exponentiell. Um die Effektivität dieses Instruments zu nutzen, sind Anfangskapital und / oder monatliche Sparrate, der Zins und die Zeit jene Stellschrauben, an denen gedreht werden kann. Sinnvoll ist es natürlich alle auf ein Optimum anzusetzen um das beste Ergebnis aus der jeweiligen Anlage herauszuholen.

Im Internet gibt es verschiedene Zinseszinsrechner, die einem dabei helfen, Rechenbeispiele einfach selbst durchzuführen. Wer es auf altmodische Art von Hand ausrechnen will, nutzt einfach diese Formel:

$$K_{VERZINST} = K_{ANFANG} \cdot (1 + \frac{p}{100})^n$$

K VERZINST = das Endkapital (nach der Verzinsung)
K ANFANG = das Anfangskapital (vor der Verzinsung)
p = der Zinssatz (der Wert, also „3" bei 3%)
n = die Anzahl der Jahre

Um die Wirkung des Zinseszinseffekts zu verdeutlichen, nun ein paar Rechenbeispiele:

Wenn wir also 100.000 € bei einem jährlichen Zinssatz von 6 % anlegen und unsere jährlichen Zinsen reinvestieren, steht unser Vermögen nach 30 Jahren bei 574.349,11€.

Jetzt verbessern wir alle Faktoren unserer Rechnung bis auf unser Anfangskapital:

Wir legen 100.000€ einmalig und 500€ monatlich 40 Jahre lang bei 10% jährlich an.

Ergebnis nach 40 Jahren: Über 7 Millionen Euro! (7.181.481 €). Davon sind übrigens 6.841.481€ Zinszahlungen und (nur) 340.000 € die gesamten Einzahlungen!

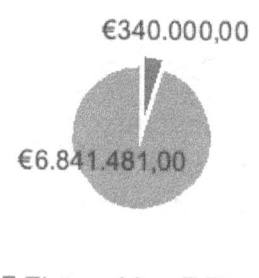

Nach 40 Jahren:
€340.000,00
€6.841.481,00
■ Eingezahlt ■ Zinsen

Selbst wenn wir kein Anfangskapital in diese Rechnung einfließen lassen, kommen wir auf eine stolze Summe von 2,65 Millionen (2.655.555 €).

Dadurch, dass hier die Zeit auch einen enormen Effekt auf das Ergebnis hat, ist klar, warum man früh mit dem Investieren beginnen sollte!

Aktiv vs. passiv investieren

Auf die Frage, was besser ist, gibt es nur eine Antwort:

Das kommt drauf an!

Sowohl aktiv als auch passiv haben ihre Vor- und Nachteile.

Das **passive** Investieren ist der Versuch, mit so wenig wie möglich (dauerhafter) Arbeit das bestmöglichste finanzielle Ergebnis zu erreichen. Und zwar so, dass auch nach der Arbeit das Geld weiterhin aufs Konto fließt. Wer sich mit Investieren nicht dauerhaft beschäftigen möchte, kann so auf ETF´s mit Sparplan, vermietbare Immobilien oder ausschüttende Aktien zurückgreifen. Auch die Investition in ein Start-up kann hier sehr lohnenswert sein.

Beim **aktiven** Investieren versucht man durch stetige Anpassung soviel wie möglich Gewinn zu erwirtschaften. Dazu zählen der aktive Immobilienhandel mit Fix & Flip (kaufen-aufwerten-verkaufen), der Aktienhandel oder auch der Handel mit gebrauchten oder neuen Autos. Ein Grundsatz ist hier: „Der meiste Gewinn entsteht beim Kauf". Denn wer günstig einkauft, muss nicht einmal teurer als andere verkaufen, um Gewinn zu machen!

Für welche Art des Investierens du dich entscheidest oder ob du beide verwendest, liegt ganz in deiner Hand!

Aktien

Was sind Aktien?

Aktien gibt es aus 3 Gründen. Sie dienen als Finanzierungs-, aber auch als Anlage- und Spekulationsobjekt.

Die Firmen (das sind Aktiengesellschaften, kurz AG), die die Aktien (also Anteile an ihrem Unternehmen) ausgeben, nutzen diese zur **Kapitalbeschaffung**.

Die Investoren nutzen die Aktien um **Gewinne durch Kursveränderungen** zu erzielen. Neben dem „günstig **ein**- und teuer **ver**kaufen" bieten Dividenden eine weitere Einnahmequelle.

Diese **Dividenden**, Ausschüttung oder auch auszuschüttender Betrag genannt, sind Teile des Gewinns des Aktienunternehmens, die jährlich, vierteljährlich oder auch quartalsweise ausgeschüttet werden.

Die **Höhe der Dividende** schlägt der Vorstand in der Hauptversammlung der Aktionäre des Unternehmens vor und sie wird anschließend von der Versammlung in einfacher Mehrheit beschlossen.

Die Höhe der Dividende kann übrigens auch gleich 0 sein. Die Versammlung kann also auch beschließen, dass **keine** Dividende ausgezahlt wird.

Weitere Dividenden-Arten

Neben der klassischen Dividende, also der Ausschüttung von Geld, gibt es noch die Sachdividende und die Stockdividende.

Bei der Sachdividende werden entweder Wirtschaftsgüter oder Aktien von Tochtergesellschaften ausgegeben. Bei der Stockdividende (auch Aktiendividende genannt) erhält man statt Geld weitere Aktien.

Kursverlauf vs. Unternehmenserfolg

Der Verlauf des Aktienkurses muss nicht zwangsläufig abhängig vom Unternehmenserfolg sein. Neben wirtschaftlichen sind es oft auch psychologische Faktoren, die Anleger zum Kauf und Verkauf bewegen können.

So ist zu beobachten, dass Anleger Aktien oftmals – aus Angst weitere Gewinne zu verpassen – auch dann noch kaufen, wenn Sie bereits sehr stark gestiegen und teuer sind.

Das Gleiche im Gegenteil: Wenn die Aktienkurse sinken wird – statt nachzukaufen – oft auch aus Angst vor weiteren Verlusten verkauft.

Aber auch damit kann man ohne den nötigen Einblick komplett falsch liegen, denn das Unternehmen könnte direkt vor der Pleite stehen.

Wie immer ist Wissen Macht und in diesem Fall bares Geld!

Gebühren

Zu den Gebühren bei Aktien, ETF und Co. gehören unter anderem die Depotführungsgebühren, Transaktionskosten, Verwaltungskosten wie die TER (Total Expense Ratio) und – wie immer – die Steuer.

Während die Depotführungsgebühren und die Transaktionskosten vom gewählten Broker abhängig sind, gibt es auch bei der Steuer Einsparpotential.

Wenn der Freibetrag von 801€ für Singles und 1.602€ für Ehepaare und Lebenspartnerschaften mit den Gewinnen überschritten wird, wird die Abgeltungssteuer (früher Kapitalertragssteuer genannt) von 25%, plus Solidaritätszuschlag (seit 2021: wenn über Freibetrag) und gegebenenfalls Kirchensteuer, fällig.

Um diesen Freibetrag nutzen zu können, muss man bei seinem Depotanbieter einen **Freistellungsauftrag** einrichten. Diesen kann man auch auf mehrere Depotbanken aufteilen.

Falls man die Freistellungsaufträge, trotz aller Sorgfalt, ungünstig auf verschiedene Finanzinstitute verteilt hat und deshalb insgesamt zu viel Abgeltungssteuer an das Finanzamt abgeführt hat, kann man die zu viel gezahlte Summe über die Einkommenssteuererklärung zurückholen.

Dazu muss man das Formular „Einkünfte aus Kapitalvermögen" (Anlage KAP) ausfüllen. Dort trägt man dann die Erträge und abgeführten Steuern ein.

> Zu Risiken und Nebenwirkungen fragen sie bitte ihren Finanz- oder Steuerberater!

ETFs und Sparpläne

Ein ETF (Abkürzung englisch für Exchange Traded Fund) ist ein börsengehandelter Indexfonds, der die Wertentwicklung eines Index, wie beispielsweise des DAX oder des MSCI World, abbildet.ETFs vereinen die Vorteile von Aktien und Fonds.

Dadurch, dass man nicht nur in ein Unternehmen oder in ein Segment, sondern auf einen ganzen Markt setzen kann, erhöht sich dadurch die **Diversifizierung**, also die Risikostreuung und damit sinkt das Einzelrisiko. ETFs sind dazu noch kostengünstig.

Hier ein Beispiel verschiedener Indizes:

Dax: (Deutscher Aktienindex) die 30 größten und liquidesten Unternehmen des deutschen Aktienmarkts, weitere sind MDax, SDax und TecDax

Euro STOXX: die 50 größten börsennotierten Unternehmen aus der Eurozone

S&P 500: (Standard & Poor's 500) die 500 der größten börsennotierten US-amerikanischen Unternehmen

Dow Jones: die 30 bedeutendsten, marktführenden Unternehmen an der amerikanischen Börse

MSCI World: internationaler Aktienindex, der die Wertentwicklung von Unternehmen aus 23 Industrieländern abbildet, aktuell umfasst er 1.603 Unternehmen weltweit (Stand: 30.10.20)

Emerging Markets: enthält börsennotierte Unternehmen aus Schwellenländern

Wenn man regelmäßig z.B. monatlich, statt einer einmaligen Einzahlung, in einen ETF investieren will, kann man sogenannte **Sparpläne** nutzen. Bei manchen Depotbanken kann man so schon ab 25€ (passiv) in einen ETF investieren.

Cost-Average Effekt

Ein großer Vorteil neben der Passivität, ist bei einem Sparplan der sogenannte **Cost-Average Effekt**. Man zahlt jeden Monat den gleichen Beitrag ein und erwirbt bei niedrigen Kursen automatisch **mehr** Fondsanteile.

Wenn der Markt steigt, steigt auch der Wert der Anteile, die wir bereits besitzen, dafür kriegen wir aber auch entsprechend weniger Anteile.

So erreichen wir auf längere Zeit einen günstigen durchschnittlichen Kaufpreis.

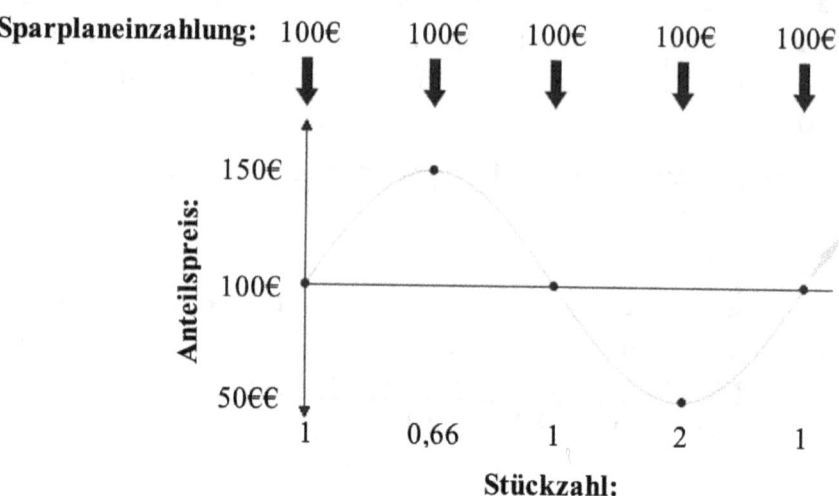

Wir kaufen in:

- Monat 1: 1 Stück bei einem Stückpreis von 100€
- Monat 2: 0,66 Stück bei einem Stückpreis von 150€
- Monat 3: 1 Stück bei einem Stückpreis von 100€
- Monat 4: 2 Stück bei einem Stückpreis von 50€
- Monat 5: 1 Stück bei einem Stückpreis von 100€

Insgesamt erwarben wir 5,66 Stück Fondsanteile zu 500€. Also der Durchschnitt in der gesamten Zeit. Natürlich ist dies nur ein vereinfachtes Beispiel um die Funktion des Cost-Average-Effekts zu verstehen.

Ausschüttend vs. Thesaurierend

Bei einem **thesaurierenden ETF** werden die Dividenden nicht an den Anleger ausgezahlt, sondern automatisch in das Fondsvermögen angelegt.

Dies muss nicht extra angewiesen werden, sondern erfolgt automatisch. Das ist besonders praktisch, wenn man sich nicht ständig mit der Wiederanlage beschäftigen will oder man der Typ Anleger ist, der Dividenden gerne verkonsumiert.

Bei einem **ausschüttenden** ETF sammelt dieser die ausgeschütteten Dividenden der enthaltenen Unternehmen und zahlt sie in regelmäßigen Abständen an die ETF-Anleger aus, von einmal pro Jahr bis quartalsweise. In diesem Fall darfst du deinen Cashflow, also das Geld, was dein Geld verdient hat, auf dein Konto eintrudeln sehen. Trotzdem solltest du auf Transaktionskosten bei der Wiederanlage achten. Diese würden nämlich deine Rendite unnötig schmälern.

Auf die Frage was jetzt besser ist: Kommt darauf an, was du lieber hast. Eine automatische Wiederanlage und damit keine zusätzliche Arbeit oder die regelmäßige Auszahlung eines Taschengelds auf dein Konto. Für jemanden, der auf lange Sicht investiert für z.B. die Rente, ist ein thesaurierender ETF praktisch und für jemanden, der ein zusätzliches Einkommen möchte, ein ausschüttender ETF das Richtige.

Steuer

Seit der **Investmentsteuerreform 2018** werden Erträge auf ähnliche Weise besteuert. Wichtiger Unterschied: Die Besteuerung bei ausschüttenden ETFs erfolgt bei der Ausschüttung sofort durch die Depotbank. Aber erst wenn der Sparerpauschbetrag ausgeschöpft ist! Hier kommt wieder der Freistellungsauftrag bei der Depotbank ins Spiel.

Ein eigenes Unternehmen

Ein eigenes Unternehmen ist vermutlich einer der schnellsten Wege zum finanziellen Erfolg. So kann man durch Handel, Herstellung und vielen anderen Geschäftsmodellen ordentlich Geld verdienen und ein stabiles Unternehmen aufbauen.

Neben dem Prinzip Geld für sich arbeiten zu lassen, greift hier noch das zweite Prinzip: Andere für sich arbeiten zu lassen.

Natürlich funktioniert dies nur, wenn man durch den Verkauf der Leistung der Angestellten mehr verdient, als man Ausgaben wie Lohn und Miete zahlen muss. Das darf aber keinesfalls bedeuten, dass man seine Mitarbeiter ausbeuten soll.

Da in diesem Fall jeder Angestellte wie ein Hebel auf das Kapital funktioniert, lohnt es sich mehrere Mitarbeiter einzustellen und größere Aufträge zu bearbeiten, da man dadurch mehr Umsatz und auch mehr Gewinn erwirtschaften kann.

Doch wie bei allen Hebeln erhöht sich gleichzeitig auch das Risiko. Wenn durch Krisen der Auftragseingang abfällt und man keine Rücklagen gebildet hat, ist man gezwungen einzelne Mitarbeiter zu entlassen oder schlimmer noch, die komplette Firma zu schließen.

Das Wichtigste ist für einen Angestellten nämlich – abgesehen von der Höhe – die Sicherheit seines Einkommens. Stetig, sicher und in entspannter Atmosphäre, klingt für viele nach dem „perfekten Arbeitsumfeld".

Steuerlich haben Unternehmer viele Vorteile gegenüber Privatpersonen. So können sie, indem sie viel ausgeben (investieren), ihren ausgewiesenen Gewinn reduzieren und damit ihre Steuerlast senken.

Des Weiteren können sie mehrere Ausgaben von der Steuer

absetzen, wie z.B. Geschäftsessen, Arbeitsmittel, Firmenwagen, Telefon, Internet...

Mit Problemen Geld verdienen

Eines der simpelsten Wege schnell reich zu werden ist das Lösen von Problemen. Dies kann ein Problem sein, das man selber hat oder das andere haben und für das noch keiner eine einfache Lösung gefunden hat.

Das kann ein Buch über Vermögensaufbau, ein Beziehungsratgeber-Podcast oder eine App zur Hilfe bei der Wohnungssuche sein. Die Hauptsache dabei ist, dass die Problemlösung und damit der Wert für den Kunden an erster Stelle steht.

Beispiele sind ein tragbares Telefon und auch das Telefon überhaupt. Auch das Auto, das Flugzeug, der PC und die Kopfschmerztablette sind solche „Problemlöser".

Immobilien

Mit Immobilien gibt es mehrere Möglichkeiten Geld zu verdienen. Hierzu zählen Wohnungen, Häuser und Grundstücke. Durch günstiges Einkaufen und teureres Verkaufen lässt sich in kurzer Zeit eine beträchtliche Summe verdienen.

Bei **fix & flip** kauft man eine Immobilie in einem schlechten Zustand, wertet sie durch Renovierung oder kosmetische Verbesserung wie einem neuen Anstrich auf und verkauft sie danach wieder mit Gewinn.

Hier müssen natürlich die Kosten für Renovierung zusätzlich zum Kaufpreis und zu den Kaufnebenkosten der Immobilie kalkuliert werden.

Bei der Vermietung kauft man eine Immobilie und vermietet sie anschließend. Was einfach klingt, ist aber durchaus sehr zeit- und arbeitsintensiv. Vom Renovieren über die Mietersuche bis zur Instandhaltung sind hier einige Punkte zu beachten.

Spekulationssteuer

Bei allen Grundstücksgeschäften ist die Spekulationssteuer zu beachten. Die Spekulationsfrist beträgt 10 Jahre. Das bedeutet, dass zwischen Anschaffung bzw. Errichtung der Immobilie und deren Veräußerung mindestens 10 Jahre liegen müssen.

Es gibt keinen festen Steuersatz, mit dem die Spekulationssteuer ausgerechnet werden kann. Im Finanzamt werden die Steuern mit dem persönlichen Steuersatz errechnet. Dieser Steuersatz kann aber bis zu 45% betragen.

Vermögen oder Verbindlichkeit?

Der Kauf einer Immobilie für den Eigennutz, sprich selber darin wohnen, zählt bei der Bank als Vermögen, aber für uns als Verbindlichkeit.

Da dieses Thema sehr mit Emotionen behaftet ist und viele Eigenheimbesitzer das überhaupt nicht so sehen wollen, ist verständlich. Schließlich geht es hier bei vielen um das Lebensziel und die „größte Investition".

Fakt ist, dass man beim Kauf einer Immobilie für den Eigennutz zwar Geld für Miete spart, aber trotzdem erwirtschaftet diese NUR Kosten und keinerlei Einnahmen!

Meistens werden die Eigenheime nämlich noch über der eigenen Größe gekauft. Sprich, man kann sie sich eigentlich gar nicht leisten. Dieses Problem wird dann oft mit einem großen Kredit gelöst, den man dann bis kurz vor der Rente, wenn nichts dazwischenkommt, abzahlt.

Ob das Eigenheim am Ende dann doch eine gute Investition war, kann man erst nach einem Verkauf mit Gegenüberstellung aller Kosten beurteilen.

Finanzierung

Um sich eine Immobilie kaufen zu können wird natürlich eine Menge an Geld benötigt. Die Kosten ergeben sich aus dem Kaufpreis, den Kaufnebenkosten und den Zinsen für den Kredit.

Die **Kaufnebenkosten** bestehen aus der Maklerprovision, Notarkosten, dem Grundbucheintrag, Grunderwerbsteuer und sonstigen Gerichtskosten. Sie betragen in der Regel circa 10% des Kaufpreises.

Diese gesetzliche Vorschrift, dass man um einen Notar nicht herumkommt, besteht zum Zweck, Käufer und Verkäufer bei dem kostenintensiven Geschäft zu schützen. Rechtskräftig wird der Kaufvertrag über eine Immobilie dann erst mit der notariellen Beurkundung und dem Eintrag ins Grundbuch.

Da man für Immobilien und andere größere Investitionen meistens einen Kredit aufnimmt und dies auch finanziell sehr sinnvoll sein kann, möchte ich im letzten Kapitel auf das Thema Schulden eingehen.

ALLE TIPPS ZUM KAPITEL

1. Unterschied zwischen Verbindlichkeiten und Vermögen kennen

2. Aktives und passives Investieren kennen lernen

3. In Vermögenswerte investieren

4. Nur in etwas investieren, das man versteht und einen interessiert

5. Risiko streuen z.B. nur 20% des Vermögens in eine Assetklasse (Art der Vermögensgegenstände z.B. Aktien/Immobilien/...) und höchstens 5% in einen Einzelwert

6. Investiere ins Humankapital (Bildung/physische und körperliche Gesundheit...)

7. (Extra-Tipp) Wer billig kauft, kauft zweimal! Bedeutet: Qualität schlägt Preis

8. Regelmäßig belohnen! (ohne viel Geld auszugeben)

9. Bei Wunsch ein eigenes Unternehmen gründen

10. Probleme lösen und Mehrwert für andere schaffen

KAPITEL 5: SCHULDEN

Einen Kredit aufnehmen? Da verdient doch nur die Bank daran. Das lass ich lieber sein und spare solange, bis ich mir das leisten kann! So dachte auch ich früher über Kredite.

Denn was bei einem Kredit passieren kann:

Du kaufst dir mithilfe eines Kredits etwas, das du dir eigentlich noch nicht leisten kannst. Du zahlst dafür mehr und zwar in Form von Zinsen. In der Zeit bis zur vollständigen Tilgung kannst du dir nichts Neues mehr leisten. Wenn dir jetzt noch gesundheitlich etwas passiert, hast du ein großes Problem. Auch den Job so einfach zu wechseln und eine Aus- oder Weiterbildung mit geringerer Vergütung fallen für dich flach, weil du sonst deine Raten nicht zahlen kannst. Dadurch bist du frustriert und fühlst dich noch tiefer im Hamsterrad gefangen. Am besten nimmst du daraufhin noch einen weiteren Kredit auf um etwas zu kaufen, das dich wieder glücklicher machen soll...

Gute vs. schlechte Schulden

Schulden lassen sich aber sehr einfach in gute und schlechte Schulden einordnen.

„Schlechte Schulden" sind ganz einfach die, die für den blinden Konsum benutzt werden. Damit sind Dinge gemeint, die dir nichts als Geld aus der Tasche ziehen. Das beste Beispiel ist hier wieder ein Neuwagen oder ein Eigenheim.

„Die durchschnittlichen Schulden einer überschuldeten Person, die im Jahr 2017 die Hilfe einer Beratungsstelle in Anspruch genommen hat, betrugen 30.170 €. Das war das **28-fache** des durchschnittlichen monatlichen Einkommens dieses Personenkreises

(1.072 €)." (Statistisches Bundesamt)

"Gute Schulden" sind perfekt für den Vermögensaufbau und funktionieren so als Hebel. Man leiht sich Geld um mehr Geld zu erwirtschaften. Aber bitte **niemals** für Wetten im Casino oder Spekulationen auf dem Aktienmarkt.

Bei dieser Art der Verwendung von Schulden muss man sich auch keine Sorgen um seine Liquidität machen. Den gekauften Vermögensgegenstand kann man sofort verkaufen und damit die Schulden, vielleicht schon mit Gewinn, zurückzahlen.

Mit Konsumgütern, die ja sofort nach dem Kauf an Wert verlieren, geht das nicht. Ein durchschnittlicher Neuwagen verliert übrigens innerhalb der ersten zwölf Monate nach der Zulassung rund 24 Prozent seines Wertes. In den Folgejahren pendelt sich der Wertverlust dann bei fünf bis sechs Prozent pro Jahr ein.

Da wir in einer konsumorientierten Welt leben, viele von uns weder von den Eltern noch in der Schule den richtigen Umgang mit Geld gelernt haben und daher einige von uns Konsumschulden haben, möchte ich nun auf den Abbau von Schulden eingehen:

Schulden einfach abbauen

Das erste, was wichtig ist, wenn wir vorhandene Schulden abbauen wollen, ist, keine neuen zu machen. Sonst machen wir es uns nur unnötig schwer und treiben uns noch weiter in der Abwärtsspirale voran.

Erster Schritt: (Analyse) Welche Schulden haben wir? Kreditkarten, Dispo…? Wie hoch, zu welchem Zinssatz und wann könnten wir diese frühestens zurückzahlen?

Zweiter Schritt: (Planung) Die Schulden mit dem höchsten Zins müssen zuallererst weg. Jetzt können wir über eine Umschuldung nachdenken.

Bei einer **Umschuldung** wird ein neuer Kredit aufgenommen um einen vorhandenen abzuzahlen. Extrem wichtig ist hierbei, dass die Zinsen auf den neuen Kredit niedriger sein müssen als beim vorhandenen. Je mehr wir hierbei an Prozent einsparen, desto weniger müssen wir insgesamt zurückzahlen und desto eher sind wir wieder frei von Schulden! Also schneller und billiger!

Dritter Schritt: (Ausführung) Jetzt geht es an die Abzahlung der übrigen Kredite. Während Bodo Schäfer empfiehlt, während des Abzahlens gleichzeitig zu sparen um sein Vermögen aufzubauen – er nennt das die 50/50 Regel (50 % vom Sparbetrag für die Abzahlung und 50 % für den Vermögensaufbau) – würde ich mich lieber vollständig auf die Abzahlung konzentrieren.

Denn je länger ich für die komplette Rückzahlung brauche, desto mehr verdient ja der Gläubiger, also der Kreditgeber, an mir.

Herr Schäfer geht mit seiner Technik auf fehlende Disziplin ein und nutzt das Ansparen hier als Motivation, da man neben dem Abzahlen sein Vermögen wachsen sieht. Ich hingegen würde meine ganze Frustration als Motivation nutzen. Mit dem glühenden Verlangen nach Freiheit.

Vierter Schritt: (Ziel erreicht) Vielleicht mag das jetzt ein wenig gedauert haben, aber wir haben es geschafft! Jetzt können wir feiern und uns belohnen. Bitte aber nicht gleich wieder mit etwas auf Kredit...

Disziplin

Da hier Disziplin das Hauptthema ist, möchte ich darauf hinweisen, dass kurzfristige Motivation nicht der Schlüssel zum Erfolg ist. Es sind vielmehr die Grundsätze wie der moralische Kompass tief in einem selbst und die damit verbundenen Glaubenssätze. Sobald diese nicht mit dem Ziel, egal ob Schuldenabbau oder Vermögensaufbau übereinstimmen, werden wir unser Ziel kaum erreichen können, da jede Faser in unserem Körper sich dagegen sträubt.

Also müssen wir ersteinmal schauen, welche Einstellung wir zum Thema eigentlich haben. Was sind unsere Wünsche und Ziele?

Dann können wir uns selber „umprogrammieren", indem wir die alten Glaubenssätze „demontieren" und sie mit neuen ersetzen.

Das Demontieren ist äußerst wichtig und funktioniert effektiver als das Überschreiben eines alten Glaubenssatz. Mit dem Überschreiben meine ich hier die ständige Wiederholung eines Glaubenssatzes, die sogenannte Autosuggestion, bis dieser Glaubenssatz im Unterbewusstein gefestigt ist.

So treten auch keine Konflikte der Glaubenssätze wie bei „Geld ist gut" und „Die Reichen sind schlecht" untereinander auf.

Wenn wir also so etwas wie „Ins Grab kann ich kein Geld mitnehmen" in unserer Einstellung entdecken, dann können wir diese Sichtweise auseinander nehmen und uns ansehen, was der Satz bedeutet und warum er falsch sein könnte.

Bei diesem Beispiel könnten wir sagen, das der Tod in weiter Zukunft liegt, wir uns jetzt ein schönes Leben aufbauen wollen, wir als Rentner noch das machen können was uns beliebt oder wir unseren Liebsten, unseren Kindern und Enkeln, etwas von unserem Vermögen hinterlassen wollen.

ALLE TIPPS ZUM KAPITEL

1. Unterschied zwischen guten und schlechten Schulden kennen
2. Keine Konsumschulden machen!
3. Fremdkapital (wenn es sich lohnt) zum Vermögensaufbau nutzen
4. Wenn Konsumkredite vorhanden, so schnell es geht abbauen!
5. Disziplin verbessern, indem Glaubenssätze und Einstellung überprüft werden

Wie man selbst als Angestellter Millionär wird?

Kommen wir nun zu einer der interessantesten Fragen des Buches. Wie werde ich trotz meinem Angestelltenverhältnis denn zu einem Millionär?

Natürlich gibt es hier mehrere Möglichkeiten. Hier ein paar:

1. Glücksspiel wie Lotto & Co (ich persönlich rate dringend davon ab, da die Gewinnchancen zu niedrig und die Suchtgefahr enorm hoch ist)
2. Eine eigene Firma gründen
3. Ein Produkt erfinden (patentieren und Patent verkaufen oder selber herstellen und vertreiben)
4. Eigene Kunst verkaufen (Musik, Bilder...)

Der größte Nachteil bei einem Gewinn von großen Summen bei Lotto und Co. ist vor allem, dass man das notwendige Wissen, wie man nun mit soviel Geld umgeht, nicht mitgewinnt. Das sieht man an einigen vergangen Gewinnern, welche nun mehr Schulden haben als vor ihrem Millionengewinn.

Neben diesen genannten Optionen gibt es noch die Möglichkeit als Investor Millionär zu werden. Dafür wird neben umfangreichem finanziellem Wissen aber auch das nötige Kleingeld benötigt. Das bedeutet, dass sich dieser Weg aus einem Loop, also einer Schleife, aus Verdienen, Sparen und Investieren zusammensetzt.

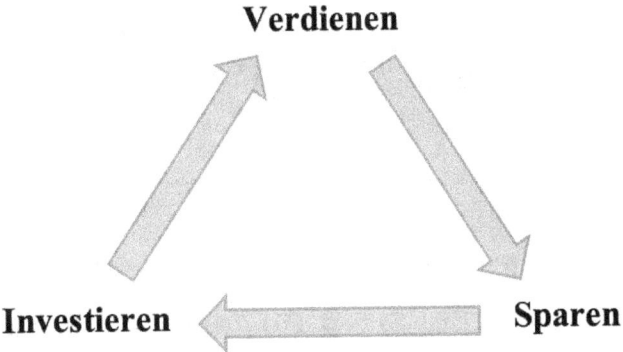

Ein Rechenbeispiel:

Von unserem Gehalt investieren wir, dank unseren Einsparungen, monatlich 600€, mit durchschnittlich insgesamt 10 % p.a. (lat. per annum = pro Jahr) in Aktien, ETFs und andere Vermögensgegenstände. Nach 29 Jahren hätten wir **1.070.143 €**. (Zinseszinsrechnung)

Dies bezeichne ich spaßeshalber als Worst-Case, weil man in der Zwischenzeit mehrere Einkommen mit z.B. den oben genannten Möglichkeiten aufbauen kann.

Durch jeden Cent, den wir mehr verdienen und investieren und auch durch jedes Prozent mehr an Zinsen, das wir durch das Investment erzielen können, verkürzt sich unsere Zeit bis zur ersten Million deutlich!

Warum nicht also einfach das Minimum (1,07 Millionen in 29 Jahren) anvisieren und darauf noch mehr bauen?

UND JETZT LOS!

Für denn Fall, dass es mal wieder hart werden sollte und du anfängst an dir zu zweifeln...

Wichtig ist, dass du dir diese Fragen beantworten kannst:

Wieso mache ich DIESE Arbeit HIER eigentlich? Was ist MIR WIRKLICH wichtig? Was würde ich auf dem Sterbebett BEREUEN, NICHT gemacht zu haben?

Wenn du darauf Antworten gefunden hast, wirst du feststellen, dass Geld nur einer der Messwerte für deinen Erfolg ist und nicht mehr als ein Mittel zum Zweck!

Nämlich um deine Zeit so zu nutzen, wie es dir beliebt!

Es nimmt dir Angst und Last von den Schultern, macht dich freier und sorgt dafür, dass sich dir unzählige Möglichkeiten bieten.

Gehe gut mit dir und deinem Geld um und du wirst keine Sorgen haben.

Ob du es sogar zum Millionär schaffst, ist ganz dir überlassen. Aber du kannst es definitv erreichen!

Mit den Worten von Winston Churchill:

> "Gib niemals auf! Nie! Nie! Nie!"

oder von Thomas Alva Edison:

> *„Erfolg ist ein Gesetz der Serie und Misserfolge sind Zwischenergebnisse. Wer weitermacht, kann gar nicht verhindern, dass er irgendwann auch Erfolg hat."*

Hier noch ein paar weitere:

> *„Manche Berge scheinen unüberwindlich, bis wir den ersten Schritt tun!" - Unbekannt*

> *„In einem Jahr wirst Du Dir wünschen, Du hättest heute angefangen." - Karen Lamb*

> *„Es gibt nur zwei Dinge die du falsch machen kannst: aufhören oder gar nicht erst anfangen!" – Unbekannt*

> *„Manche Leute wollen, dass es passiert, manche wünschen, es würde passieren, andere sorgen dafür, dass es passiert." - Michael Jordan*

EPILOG

So, jetzt hast du es gelesen. Das Buch, das ich mir vor meinem ersten Einkommen als Zeitungsausträger gewünscht hätte.

Es liegt nun an dir, das Beste aus deinen Möglichkeiten herauszuholen. Ob du nun damit anfängst, deine monatlichen Verpflichtungen zu überprüfen, ob du ein erstes Sparziel festlegst, dir bereits die ersten Worte für deine nächste Gehaltsverhandlung zurechtlegst oder bereits die Ausgaben für letzten Monat in dein Haushaltsbuch einträgst.

Ob du dir überlegst, welchem deiner Bekannten du mit deinem neu gewonnenen Wissen helfen kannst, wie du deine Idee in die Realität umsetzen und vermarkten kannst oder wie du die größten Probleme der Welt löst. Aber wenn du nicht anfängst, bist du deinem Ziel noch keinen Schritt näher gekommen.

Ob du nun eine günstigere Wohnung suchst, deinen Stromanbieter wechselst, deine Handyrechnung einmal kritisch betrachtest oder ein YouTube-Video über den Einstieg ins Aktiengeschäft anschaust.

Lass dich nicht übers Ohr hauen, rechne selbst nach und frage ruhig ein zweites Mal, wenn du etwas nicht verstanden hast. (Sei besonders kritisch bei Worten wie: schnell & sofort + reich + einfach)

Bedenke, selbst wenn du hier gute Tipps gelesen hast, aber nichts davon umsetzt, hast du nichts an deiner Situation geändert und stehst in einem Jahr noch an demselben Punkt!

Je eher du beginnst, desto mehr Zeit hat auch dein Vermögen um für dich zu arbeiten. Gib ihm dazu die Gelegenheit, es wird sich letztlich für dich lohnen.

Von ganzem Herzen wünsche ich dir viel Erfolg, Glück und jede Menge Spaß dabei! - Dein Maximilian Koller

LITERATURVERZEICHNIS

Quellen Bücher:

Schäfer, Bodo (1999) *Der Weg zur Finanziellen Freiheit - In sieben Jahren die erste Million*; Frankfurth (Main); New York; Campus Verlag

Sanders, Beate (2020) *Der Aktien und Börsenführerschein – Aktien statt Sparbuch - Die Lizens zum Geldanlegen;* München; FinanzBuch Verlag

Kiyosaki, Robert T. (2015) *Rich Dad Poor Dad*; FinanzBuch Verlag

Arden, John B. (2008) *Gedächtnistraining für Dummies*; WILEY-VCH Verlag GmbH&Co.KGaA

Quellen Internet:

- **Durchschnittsgehalt 2019:**
    Statistisches Bundesamt Deutschland:
    https://www.destatis.de/DE/Themen/Arbeit/Verdienste/Verdienste-Verdienstunterschiede/verdienste-branchen.html

- **Sterbefälle und Lebenserwartung Deutschland:**
    Statistisches Bundesamt Deutschland:
    https://www.destatis.de/DE/Themen/Gesellschaft-Umwelt/Bevoelkerung/Sterbefaelle-Lebenserwartung/_inhalt.html

- **Prozentzahl Einfamilienhausbesitzer Deutschland 2018**
    Statistisches Bundesamt Deutschland:
    https://www.destatis.de/DE/Presse/

Pressemitteilungen/2019/04/
PD19_150_639.html;jsessionid=BED2BAF-
BA8089E6C40AD1443E2777093.internet8731

- **Durchschnittliche Schuld eines Überschuldeten 2017, welche die Hilfe einer Beratungsstelle angenommen hat**

    Statistisches Bundesamt Deutschland:
    https://www.destatis.de/DE/Presse/
    Pressemitteilungen/2018/06/
    PD18_233_635.html;jsessionid=BED2BAF-
    BA8089E6C40AD1443E2777093.internet8731

- **ETF Erklärung von justETF**

    justETF Website:
    https://www.justetf.com/de/academy/was-sind-etfs.html

www.ingramcontent.com/pod-product-compliance
Lightning Source LLC
Chambersburg PA
CBHW070312220526
45465CB00004B/1852